MANUEL

MANUEL

MANUEL

DISCOURS

PRONONCÉ A LA SÉANCE SOLENNELLE DE RENTRÉE

DE LA SOCIÉTÉ DE JURISPRUDENCE D'AIX

(CONFÉRENCE DES AVOCATS)

LE 15 JANVIER 1875

PAR

Maurice MASSON

AVOCAT

AIX

TYPOGRAPHIE Vᵉ REMONDET-AUBIN

IMPRIMEUR DE LA COUR D'APPEL

Sur le Cours, 53.

1875

A MON CHER MAITRE

MONSIEUR FERNAND BOUTEILLE

ANCIEN BATONNIER DE L'ORDRE

———

A MES CONFRÈRES

Bras, tête et cœur, tout était peuple en lui.
(Béranger.)

Messieurs,

Le 26 février 1823, la Chambre des Députés était en proie à l'émotion qui entoure les résolutions graves : depuis deux jours, la discussion sur le crédit extraordinaire de cent millions à affecter à l'entrée en campagne de nos troupes, soulevait la question de la guerre contre l'Espagne, décidée dans les conseils du Gouvernement. La France entière prêtait aux échos de la tribune une attention qui ne lui était plus habituelle. Les partis avaient fait entendre leurs orateurs les plus écoutés. Les souvenirs des députés se partageaient entre les patriotiques adjurations de M. Royer-Collard, la dialectique entraînante du général Foy, et les réponses hautaines de

M. de Villèle; ils se fixaient surtout sur le discours de M. de Châteaubriand, œuvre étudiée et méditée, où l'orateur avait groupé avec une grande force tous les arguments produits par les partisans de la guerre.

La discussion devait continuer. A l'ouverture de la séance, un député monte à la tribune. Son apparition provoque, au côté droit de l'Assemblée et dans quelques tribunes publiques, un sourd murmure. Calme, il attend le silence. Les députés regagnent leurs places en toute hâte, et la droite attend, compacte et frémissante, les paroles de l'orateur.

Cet homme, c'était Manuel, le député de la Vendée, l'un des plus valeureux champions de l'opposition qui combattait l'intervention armée de la France en Espagne; l'orateur, enfin, que son courage et son habileté faisaient le plus redouter et détester de la majorité. Le discours de M. de Châteaubriand demandait une réponse, il venait la fournir; mais il allait se briser contre la colère victorieuse de la droite et lui livrer sa dernière bataille oratoire.

Il n'entre pas dans le but de ce discours de suivre pas à pas la scène qui devait se terminer par une violence inouïe dans nos fastes parlementaires; et, si j'y reviens dans la suite, ce ne sera que pour en dégager la personnification la plus élevée du talent de l'orateur dont j'ai entrepris de vous parler. Il n'est pas un de vous qui ne sache quelle sentence exécuta, quelques jours après, le colonel de Foucault, et comment l'Assemblée expulsa de son sein un des hommes qui, malgré elle, l'honorent le plus aux yeux de l'histoire. Cette sentence, que beaucoup blâment et que tous regrettent, il ne m'appartient pas de la juger, et à ce propos, il ne sera peut-être pas inutile de vous dire comment j'ai compris qu'il fallait traduire devant vous la physionomie de l'homme illustre que le sort arracha à la barre où nous lui succédons après tant d'autres, pour le jeter dans les écueils de la politique.

C'est l'enfant de la Provence, c'est l'avocat à la Cour d'Aix, c'est le député des Basses-Alpes que je m'attacherai à vous peindre; c'est aussi l'homme de cœur qu'ont suivi partout les qualités brillantes et solides que lui avait données la nature, et qu'il a développées au milieu de vos pères; et si, pour être complet, il me faut aborder et étudier l'homme politique sous l'orateur, vous direz, je l'espère, avec moi, que, dépouillée de toute passion, cette étude ne sera pas inutile en un milieu où la Providence choisira peut-être pour une mission élevée quelques-uns d'entre vous, et en un temps où il n'est permis à personne d'ignorer, même dans ses détails, l'histoire de son pays.

C'est, en effet, à travers l'histoire de notre pays que nous aurons à suivre Manuel, depuis l'humble vallée de Barcelonnette, jusqu'à la tombe où l'accompagna le regret de la France; à travers cette grande Révolution française dont les gloires rachètent les fautes, j'allais dire, les effacent.

I.

La petite ville de Barcelonnette offrait, vers la fin du XVIIIe siècle, un curieux exemple des libertés communales dont jouissaient alors, en France, quelques cités. Depuis longtemps réunie à notre pays, elle avait gardé, dernier vestige de la domination romaine, ses libertés municipales; Barcelonnette avait ses consuls. Vers 1774, le titre de premier consul avait été conféré à un bourgeois honorable, père d'une nombreuse famille, universellement estimé et aimé, M. Manuel. Ce fut donc un événement, pour la pacifique République, que la naissance du vingt et unième enfant de son premier magistrat; c'était Jacques-Antoine Manuel, qui naquit dans un hameau voisin, à la Conchette, le 19 décembre 1775.

S'il est vrai que la destinée de l'homme dépend un peu de son enfance, et que ses premières impressions influent sur ses idées et sur ses actes, le milieu où Manuel vit le jour était propre à lui donner le goût de la liberté. Un peuple doux et honnête, qui faisait ses affaires lui-même, sous la direction de magistrats qu'il avait choisis, les décisions respectées de tous, parce qu'elles émanaient du plus grand nombre, toutes ces images de paix et de bonheur devaient se graver dans son esprit. Il n'est pas jusqu'aux dénominations républicaines, si sympathiques aux idées de cette époque, qui ne frappèrent, les premières, ses oreilles.

A la vie simple et calme que menait sa famille et aux premiers enseignements de son père et de sa mère, dut bientôt succéder l'enseignement du collége ; il fut placé, de bonne heure, au collége des Doctrinaires de Nîmes.

C'est à ce premier pas dans la vie que se révèle chez Manuel la qualité puissante dont nous retrouverons bien des exemples. Précoce et vive, son intelligence le fit bientôt remarquer parmi ses camarades; bien qu'il fût le plus jeune, une facilité merveilleuse et un sens droit le placèrent vite aux premiers rangs. Les troubles qui éclatèrent à Nîmes, en juin 1789, le trouvèrent faisant sa seconde année de philosophie ; il avait alors treize ans et demi. Ces troubles, qui ensanglantaient la ville et ne respectaient même pas le collége, émurent M. Manuel, qui accourut en toute hâte, et emmena son fils à Barcelonnette.

C'est là, Messieurs, que se bornèrent ses études, et, quelle que fût sa précocité, il est difficile d'admettre qu'elles fussent complètes. Les continua-t-il plus tard ? Il n'en eut pas le loisir. Il eut le sort de bien des hommes de cette époque, que la vie pratique enleva, jeunes, à l'étude ; mais, comme les privilégiés d'entre eux, il avait reçu de la nature la force de compréhension et la rectitude de jugement qui suppléent, en partie, à la science. Nous verrons ces qualités se développer partout chez lui, aux camps, à la barre, à la tribune. Ne sentons-nous pas dans cette munificence la main divine ? A cette époque où devaient s'accomplir tant de grandes choses, où le torrent des événements devait emporter tant d'existences et d'institutions, où la politique et la guerre arrachaient tant d'hommes aux études pour les lancer à l'action, la main de Dieu avait été prodigue de natures d'élite, de natures prêtes à la lutte, armées de courage, douées d'un sens droit et fort ; tel fut Manuel.

Nous verrons sa jeunesse se consumer sans profit, son temps se perdre à attendre, à Barcelonnette, que le calme soit rétabli ; à fuir la terreur à l'étranger ; à combattre obscurément ; à se remettre de ses blessures. Puis, quand le temps sera venu, il trouvera sa voie, et, dès les premiers pas, il sera l'avocat solide, l'orateur brillant et redoutable. Il est de cette génération qu'on pourrait comparer à Minerve, sortant tout armée du cerveau de Jupiter.

Quand Manuel, à peine adolescent, rentra à Barcelonnette, le temps était peu propice au choix d'une carrière. Au douloureux spectacle de la patrie envahie et sanglante, se joignait la préoccupation des dangers personnels qu'on courait dans sa fortune, dans sa vie. Cependant, après un an de loisirs, Manuel dut songer au travail. La modeste fortune de son père ne lui permettait pas une hésitation plus longue, il voulut essayer le commerce. Un de ses oncles, riche et sans famille, qui était allé s'établir à Turin, l'appela près de lui. Mais ce n'était pas la carrière qui lui était destinée ; un an après, nous le retrouvons à Barcelonnette, découragé, inoccupé, et, faute de mieux, sergent de grenadiers dans la garde nationale. Vers la fin de l'année 1793, un mouvement généreux, comme cette époque en eut beaucoup, forma, dans les rangs des gardes nationaux, un bataillon de volontaires ; ardent et jeune, Manuel s'engagea et partit. Il cédait à un mouvement patriotique qui ne l'abandonna jamais ; mais sa place n'était pas dans la pléiade d'hommes de guerre qui firent à Napoléon un état-major digne de lui.

Cependant, ses débuts sont brillants ; sous-lieutenant à dix-huit ans, il prend part aux glorieuses campagnes d'Italie. Lieutenant à Rivoli, il venait de recevoir, sur le champ de bataille d'Arcole, le grade de capitaine, quand une balle le frappe à la hanche. Cette blessure était dangereuse ; il vint la soigner dans ses foyers ; il avait alors vingt et un ans. La carrière militaire s'ouvrait brillante devant lui : une fois arrivé aux grades supérieurs, un coup d'œil de Bonaparte pouvait faire sa fortune ; il avait donc le droit d'aspirer à servir son pays, et à le servir avec gloire. Mais sa blessure se guérissait lentement ; la paix de Campo-Formio semblait devoir lier pour longtemps la France à l'Europe ; Manuel envoya sa démission.

Il emportait de son passage à l'armée une admiration passionnée pour le général qui l'avait conduit au combat. Il devait être de ceux qui, en 1814 (ils furent nombreux), croyaient à la victoire, et se rappelaient avec confiance que l'homme qui commandait nos troupes, avait, à Arcole et à Marengo, ressaisi, au dernier moment, des mains de l'ennemi, la victoire qui lui échappait.

Manuel employa, à visiter sa famille, les loisirs que lui faisait sa convalescence. Deux sœurs de sa mère avaient épousé, l'une M. Pascalis, l'autre, M. Fortoul, et fondé ainsi des familles qui ont eu et ont encore leurs illustrations. Ce fut dans le cours de ces visites qu'il entra dans le cabinet de son cousin Fortoul, avocat-avoué à Digne. Il avait, pour la première fois, l'occasion de voir de près un de ces hommes qui, placés en face de la justice, la facilitent et l'éclairent. S'intéresser à ces travaux, demander à son cousin un de ses dossiers, l'étudier et lui faire part du résultat de son étude, fut pour Manuel un moyen d'occuper ses loisirs et de satisfaire sa curiosité. A l'analyse lucide et prompte que lui fit Manuel, à l'élégante facilité de son style, M. Fortoul reconnut le coup d'œil sûr, la rapidité d'intuition qui ne sont pas les moindres qualités de l'avocat ; et, Manuel lui exposant un jour les inquiétudes et les irrésolutions que lui causait son avenir, il lui conseilla de s'adonner à la plaidoirie.

Lui montra-t-il alors à quel brillant avenir son talent devait le conduire ? Prévoyait-il quel homme il avait le bonheur de mettre dans son chemin ? Nous ne le croyons pas. Mais, n'est-ce pas un privilége de notre profession de n'opposer aucun obstacle aux destinées ultérieures de ceux qui l'embrassent ; bien plus, d'ouvrir devant eux toutes les fortunes, toutes les grandeurs, et, comme on dit vulgairement, de mener à tout ? N'est-elle pas l'école d'où sont sorties tant d'illustrations de tout ordre, et n'avons-nous pas autour de nous de glorieux exemples de ce que peut devenir un avocat qui unit au talent et au travail la dignité et l'indépendance du caractère ? La proposition de M. Fortoul fut pour Manuel une révélation : il sentit s'éveiller en lui les ardeurs de la lutte ; il lui sembla qu'il n'allait que changer de champ de bataille. Ces ardeurs et ces illusions, que devait ébranler la froide argumentation des intérêts privés, il devait les retrouver, quinze ans après, à la tribune.

Quand il eut pris cette détermination, il se mit courageusement au travail. Les écoles étaient fermées ; on arrivait au grade de licencié en droit avec un examen sommaire et cent écus. Mais ce n'était pas seulement au titre que prétendait Manuel : il voulait conquérir au barreau une position rapide et honorable. Après avoir étudié très succinctement ce qui constituait alors les notions de droit pratique nécessaires à l'avocat, il débuta devant le tribunal de Digne. Cet essai dépassa les prévisions de M. Fortoul qui, ébloui de l'improvisation éloquente, de la sûreté d'arguments, du calme magistral de son cousin, lui fit comprendre qu'au théâtre trop étroit du tribunal de Digne, il fallait substituer le tribunal d'appel. Docile et plein d'espoir, Manuel résolut de venir se fixer à Aix.

II.

Le tribunal d'appel d'Aix était, en effet, par le nombre et l'importance des affaires qu'il jugeait, par la valeur des avocats qui y étaient attachés, un théâtre digne de Manuel. Les hommes d'élite y abondaient : à la tête du Barreau, M. Chanseaud, véritable érudit, dont chaque plaidoyer était un traité, et dont la force d'argumentation était remarquable ; M. Bouteille, digne chef d'une famille d'hommes distingués, qui, professeurs, magistrats, avocats, ont tenu et tiennent encore une si belle place dans votre ville ; M. Dubreuil, avocat consultant du plus grand mérite, dont notre société possède un éloquent et savant éloge [1] ; M. Fabry, qui joignait à son titre d'avoué une réputation assise d'avocat d'affaires ; d'autres encore qui, comme lui, ont légué à leurs descendants un nom que ceux-ci n'ont fait qu'accroître. C'était le temps des plaidoyers, œuvres étudiées dans leurs moindres détails, écrites, lues, monuments de travail auxquels on a, depuis longtemps, substitué la plaidoirie. Cette substitution, à laquelle les débats judiciaires ont gagné du

---

[1] L'éloge de M. Dubreuil a été prononcé dans la séance de rentrée de la Société de Jurisprudence, le 13 décembre 1857, par Mᵉ Martial Bouteille, Bâtonnier actuel de l'Ordre.

mouvement et de la brièveté, s'ils y ont perdu de la profondeur, est due, en partie, dans le barreau d'Aix, à Manuel.

En effet, arrivé à Aix vers l'an VIII, Manuel s'imposa, par de brillants débuts, à l'attention du monde judiciaire : les félicitations lui arrivèrent de toutes parts, les affaires les suivirent de près. Vers l'an X, il fut nommé avoué au tribunal d'appel, et mena de front la plaidoirie et la procédure. Les nombreuses occupations que lui imposait sa double fonction ne devaient pas lui permettre les travaux de réflexion et de patience auxquels se livraient ses confrères. Il n'en avait, du reste, pas le goût : vif et prompt, son esprit se serait difficilement plié au joug des longues méditations que s'imposait M. Chanseaud, au travail de rédaction lente et pénible auquel s'astreignait M. Bouteille. Manuel improvisa toujours ; bien plus, et il agira de même à la tribune, dans les discussions les plus ardues et les plus neuves pour lui, il ne se servait jamais de notes. Il s'était lié d'amitié avec M. Dubreuil, et avait pris l'habitude de lui soumettre ses dossiers. Une note brève de son savant maître, quelques explications orales lui servaient de préparation, et il s'assimilait les arguments, de telle sorte que M. Dubreuil disait, de bonne foi, qu'il ne les reconnaissait plus.

Laissant de côté les pièces de son dossier, dont sa mémoire retenait les passages qu'il devait citer, il suivait fidèlement le plan qu'il s'était tracé dans son esprit, froid malgré son argumentation ardente, ne perdant jamais de vue, au milieu des mouvements oratoires, le but qu'il poursuivait et la conclusion que préparaient ses paroles. Défendeur, par une méthode habile, et qui offrait pour les magistrats l'avantage d'unifier le débat, il s'appropriait le plan de son contradicteur, et combattait ses arguments dans l'ordre, souvent même dans la forme où ils avaient été produits. Sa réplique était surtout remarquable, serrée de dialectique, lucide de déduction, claire et entraînante de style ; il excellait dans l'art de résumer une discussion et de la présenter sous un jour utile et favorable. Il joignait à cela une phrase sobre et élégante, le trait souvent mordant, toujours mesuré, et encore les grâces de la diction et de la tenue ; on comprendra vite quels succès vinrent dépasser la prédiction de M. Fortoul.

Le premier résultat qu'obtint Manuel, et auquel sa situation de fortune ne lui permettait pas d'être indifférent, fut l'aisance à laquelle il arriva bientôt ; elle lui fut précieuse à plus d'un titre. Il vint habiter la maison dont une façade donne sur la place de la Plate-Forme et l'autre dans la rue de l'Opéra. A cette installation, en rapport avec sa position, il joignit tous les agréments de la vie extérieure qui l'attirait et le séduisait. Sa nature riche et exubérante n'était pas fatiguée par le travail du cabinet et de la barre ; il aimait tous les exercices du corps ; bon écuyer, grand amateur de chasse et de pêche, il acquit, près d'Aix, le petit domaine de la Gallinière, rendez-vous de chasse où il allait jouir des loisirs que lui laissait le Palais.

Les relations du monde ne lui manquèrent pas : dans la brillante société dont Aix a conservé les traditions gracieuses et polies, Manuel eut les mêmes succès qu'au barreau. A une grande distinction de manières il joignait la souplesse qui sied à la conversation des salons, cet esprit de tous les instants qui scintille dans les mille incidents d'un entretien général, et aussi la douceur pénétrante et le charme des causeries intimes. Ce charme et ces succès furent assez grands pour que, sans famille, célibataire, il pût ouvrir un salon où les femmes du meilleur monde vinrent assister à ses soirées et à ses bals.

A la barre et dans le monde, Manuel resta toujours homme de devoir et d'énergie. Chez lui, au milieu d'un bal, on l'avertit qu'à la suite d'une plaidoirie par lui fournie à la Cour, son adversaire va faire distribuer un mémoire, auquel il est urgent de répondre. Il passe dans ses appartements, et, d'un trait, rédige, au bruit des danses et des conversations, quelques pages incisives, merveilleuses de clarté. Au Palais, interpellé par la partie adverse d'une façon qui présageait une querelle, il prévient l'insulte par la violence. Il lui arriva quelquefois de céder ainsi à l'emportement de sa nature bouillante et d'en subir les regrettables entraînements.

Les années passaient rapidement au milieu de ces occupations diverses. Avocat en 1805, il se démettait, en

1808, de ses fonctions d'avoué, et, en 1811, lors de la formation de l'Ordre des Avocats, il était désigné comme membre du conseil de l'ordre.

La politique n'avait eu, en ces belles années, qu'une bien mince place dans les préoccupations de Manuel. Ce n'est pas qu'il n'eût déjà manifesté hautement son admiration pour l'œuvre de la Révolution, ses tendances vers un régime de liberté et son désir de voir la France se gouverner elle-même. Comme bien des hommes probes et éclairés, sous le général victorieux il commençait à sentir le despote ; mais le bruit de nos triomphes lui enlevait encore la force de blâmer l'homme de guerre qui dotait la France de tant de gloire. Il atteignit ainsi l'âge mûr, développant chaque jour ses qualités hors ligne, préludant, par les discussions juridiques, aux grandes luttes oratoires auxquelles il était destiné.

L'apprécier à cette époque est chose difficile aujourd'hui : l'avocat, nous ne saurions trop le regretter, ne laisse derrière lui que des traces fugitives ; ses lumières, ses travaux sont perdus pour la science ; heureux quand sa mémoire elle-même ne se perd pas ! Ce n'est donc que par l'opinion de ses contemporains que nous pouvons nous faire une idée juste de ce que Manuel était alors. L'homme d'élite, dont il était le contradicteur ordinaire et l'émule, disait de lui : « Si j'avais un procès, je le confie- « rais à Manuel ; mais je ne lui remettrais le dossier que « la veille de l'audience. » Ce jugement de M. Chanseaud rend exactement la physionomie de Manuel avocat ; c'était l'homme au coup d'œil sûr, à la préparation prompte, dont les facultés s'exaltaient par la nécessité de délier rapidement les difficultés ; c'était l'homme qui se multipliait en présence de l'action, et qui, nourri d'une étude brève, mais complète de son dossier, trouvait, à la barre, des arguments solides et imprévus.

Il a occupé le premier rang au barreau d'Aix ; ceux qui lui ont succédé dans cette position élevée peuvent être fiers d'un tel prédécesseur. Nous ne saurions trop, Messieurs, nous tous qui venons, à ce barreau illustre, succéder à des hommes de cette valeur, nous pénétrer de leurs traditions et nous inspirer des exemples qu'ils ont laissés, pour arriver, un jour, non pas à les égaler, mais à ne pas être indignes d'eux.

III.

Rien ne pouvait alors faire prévoir sur quelle scène devait s'exercer, plus tard, le génie de Manuel ; il ne le pressentait pas lui-même ; le hasard mit sur sa route l'homme qui devait lui révéler sa vocation politique.

Le mécontentement tout puissant de Napoléon avait exilé Fouché : l'ancien Conventionnel, cédant à la volonté de celui auquel rien ne résistait, était venu attendre, dans sa sénatorerie d'Aix, l'apaisement de la colère impériale.

Les loisirs forcés que lui faisait cet exil devaient peser à Fouché : homme d'intrigues, avant tout, il laissait, à Paris, bien des trames inachevées, bien des menées interrompues. Aussi, chercha-t-il à réunir dans son salon des hommes, de mérite pour la plupart, qui lui servissent de cour, et sur lesquels il pût exercer l'influence de ses insidieuses doctrines. Manuel et son compatriote, M. Fabri, furent les premiers à fréquenter son hôtel et à subir l'ascendant de cette nature vicieuse, mais supérieurement douée.

C'est dans ses conversations avec Fouché que Manuel prit le goût de la politique, et put préciser et asseoir les idées de liberté qu'il avait caressées, sans les approfondir. Fouché devina bientôt quelle nature d'élite le hasard lui offrait, et quel parti il pourrait tirer de cette âme franche et fortement trempée, s'il la gagnait à ses vues. Pour atteindre ce but, il laissa voir, sous le sénateur duc d'Otrante, le républicain, le Conventionnel, qu'un génie exceptionnel avait pu entraîner dans son sillage, mais qui, rendu à lui-même, reconnaissait, par l'expérience même d'un autre pouvoir, combien, au point de vue des droits du peuple, comme au point de vue de son bonheur, la République était le seul gouvernement possible. Que voulait-il faire de Manuel ? L'avenir nous le montrera ; mais Manuel avait le sens trop droit et l'esprit trop français pour devenir l'âme damnée de Fouché ; il pouvait être un instant aveuglé et abusé, mais, le jour où il ouvrirait les yeux, il se séparerait, avec mépris, avec éclat, de son protecteur intéressé.

— 23 —

L'idée politique prit donc une certaine place dans la vie de Manuel. Au milieu des siens, à Barcelonnette et à Digne, comme à Aix, il exposa en maintes occasions son opinion avec fermeté et chaleur. Ce qu'il fallait à la France, c'était un pouvoir fort et durable, qui assurât sa sécurité intérieure, la fît respecter de l'Europe, et fût pour la nation un rempart inébranlable, derrière lequel elle s'administrerait librement, avec ses représentants pour guides. Sa manière de voir lui valut des dissentiments, des haines même. Son caractère ne devait pas lui attirer une inimitié contenue et courtoise : il frappait trop rudement ses adversaires pour avoir à attendre d'eux des égards. Je ne m'attarderai pas aux détails de cette lutte sourde ; vous savez tous quelle attitude altière, ferme et courageuse il prit en face des huées dont les membres d'un cercle saluèrent son passage ; vous savez tous quelle spirituelle réponse il fit à quelqu'un qui, lors de la première Restauration, recevait, *sur le Cours*, son brevet de chevalier de l'ordre royal de la Légion-d'Honneur : « Cette récompense doit vous être précieuse, Monsieur, « lui dit Manuel ; il doit vous être précieux surtout de « la recevoir *à l'endroit* où vous l'avez gagnée. »

Pendant ce temps, la France traversait une crise terrible : à peine délivrée des malheurs de l'invasion (hélas ! ce ne devait pas être la dernière !), elle était conviée par Napoléon, instruit du danger du despotisme, à lui envoyer ses représentants.

La renommée de Manuel était très répandue dans les

Basses-Alpes. Ceux qui avaient connu et estimé son père reportaient sur lui leur affection ; sa famille était nombreuse, nombreux aussi ses amis ; on lui proposa la candidature à la députation. Il refusa. Il n'avait jamais considéré de près la vie de l'homme politique ; il la redoutait: étranger à presque toutes les questions qu'abordent les assemblées législatives, il était trop modeste pour prévoir avec quelle facilité il se les assimilerait. Enfin, il ne se sentait pas cette indépendance que donne la fortune : son aisance provenait de ses plaidoiries, sa nomination à la Chambre en tarirait la source. C'était donc un refus raisonné qu'il opposait à l'offre flatteuse qui lui était faite. Il recommandait à ses amis de reporter leurs suffrages sur M. Fabri que Fouché avait emmené à Paris, comme secrétaire. Ses amis devaient venir lui demander son adhésion à leur projet ; il quitta la ville, désirant se soustraire à leurs sollicitations, et échapper à des instances qu'il ne se sentait peut-être pas la force de repousser.

Mais la détermination de la population des Basses-Alpes était prise : le collége de Barcelonnette et le collége départemental de Digne le nommèrent à une imposante majorité. Il accueillit cette nouvelle avec peine. Touché de cette marque de sympathie, il redoutait les épreuves de la vie nouvelle que lui faisait sa nomination. Prévoyait-il quelle destinée agitée allait succéder aux années tranquilles et heureuses qu'il venait de parcourir ? Mais l'homme de courage restait toujours en lui : ferme et patriote, il ne pouvait reculer devant un mandat par lequel ses concitoyens lui confiaient leurs intérêts et ceux de la France ; il accepta sa nomination par ces nobles paroles :

« J'accepte une mission dans laquelle il peut y avoir
« du danger, et dont le refus mettrait en doute mon
« patriotisme et mon courage. »

N'est-ce pas ainsi, Messieurs, qu'un homme doit entrer dans la vie politique, avec anxiété et hésitation, mais avec courage ; et n'est-ce pas un bel exemple que celui d'un homme qui n'apporte dans cette vie aucune ambition, aucun parti pris, qui n'y apporte que le désintéressement et la ferme résolution de faire jusqu'au bout son devoir ?

IV.

Elus dans le courant de mai 1815, les représentants furent convoqués pour le 3 juin, par l'Empereur, qui voulait, avant de se porter sur le théâtre de la guerre, régler avec eux la marche du gouvernement. Ce dut être un bizarre spectacle que celui de ces six cents et quelques députés, inconnus pour la plupart, venant, au milieu de conjonctures terribles, faire un essai de gouvernement parlementaire, et rendre une voix libre à la tribune politique. Manuel arrivait, lui aussi, inconnu, n'ayant que peu de relations. Avec lui arrivait son jeune cousin, M. Pascalis, qui lui avait servi de secrétaire à Aix, et le suivait, en cette qualité, à Paris.

La première visite de Manuel fut pour Fouché qui, ministre de Napoléon, tramait sourdement contre lui, et accueillit avec plaisir un homme dont il espérait se faire une créature et tirer un utile parti. Il se représenta à ses yeux comme également éloigné de Napoléon et des Bourbons, et n'ayant pour but que le bonheur de la France ; les conjonctures lui semblaient graves ; c'était des représentants qu'il attendait le salut.

Manuel apportait à la Chambre, avec son patriotisme et ses idées libérales, un esprit de défiance que partageaient tous ses collègues contre le despotisme de Napoléon. Il ne voyait plus en lui que l'autocrate. Il fut donc surpris par les franches déclarations du discours du Trône. L'année qui venait de s'écouler lui avait montré quel esprit devait présider au gouvernement de Louis XVIII. Il se montra disposé à accepter l'Empire libéral. Mais ce n'était pas de l'Assemblée que Napoléon devait recevoir le coup auquel il allait succomber; cette couronne, que tant de victoires lui avaient donnée et qu'il venait de ressaisir, il devait la perdre sur un champ de bataille. L'Assemblée n'avait encore abordé que des questions de détail, quand arriva, à Paris, la nouvelle de Waterloo. Grande fut l'émotion, grande la douleur! Mais Fouché augmenta l'anxiété que causait la situation militaire, en faisant courir le bruit que Napoléon voulait dissoudre les Chambres.

Le règne de sa politique fausse et tortueuse allait commencer. Il avait abusé Manuel et bien d'autres ; La Fayette, MM. Jay et Lacoste, hommes de cœur et patriotes, partageaient ses illusions. Aussi, arrivèrent-ils, le 21 juin, au Corps Législatif, semant ces nouvelles dissolvantes qui firent un rapide chemin dans les esprits inquiets et troublés. On sait ce qui suivit, et comment, contraint par la Chambre des représentants, qui avait proclamé la patrie en danger, et s'était déclarée en permanence, Napoléon signa sa seconde abdication.

Manuel avait prononcé dans cette séance son premier discours ; mais une discussion postérieure allait lui fournir l'occasion de prendre dans l'Assemblée le rang que lui assignait son talent.

La vacance du pouvoir exaltait les espérances des partis, et, dans la séance du 23 juin, des propositions de toute sorte avaient été faites : les membres éclairés de la Chambre avaient objecté que les constitutions de l'Empire appelaient Napoléon II à succéder à son père ; chaque parti essayait d'utiliser la situation à son avantage. La confusion était à son comble ; l'Assemblée ne savait comment elle sortirait d'un débat si imprudemment soulevé, quand Manuel monte à la tribune. Après avoir déploré « comme une grande calamité » qu'en face de l'invasion on eût mis en question la souveraineté de Napoléon II, il accepte la discussion telle qu'elle est engagée, et demande à ses collègues de proclamer les droits que consacrent les constitutions de l'Empire. C'était sacrifier ses opinions et ses tendances libérales ; mais il ne voyait plus que l'intérêt de la France. Au milieu des partis, un seul offrait un moyen de salut, il s'empressait de l'embrasser. Il demandait un pouvoir stable, et, cherchant au nom de qui l'Assemblée pourrait momentanément gouverner, il s'écriait :

« Au nom de la nation, a-t-on dit ; oui, sans doute,
« c'est au nom de la nation qu'on se battra pour le main-
« tien de l'indépendance et de la liberté du pays ; c'est
« pour la nation que les pères et les fils redoubleront et
« de sacrifices et de courage ; mais au sein de cette grande
« nation agitée par tant de mouvements divers, en proie
« à tant d'intérêts opposés, livrée à tant de souvenirs, à
« tant d'espérances différentes, n'y a-t-il qu'une opinion,
« qu'un vœu, qu'un parti ?... »

Et plus loin :

« Quoiqu'il en soit de l'existence de ces partis et du nom-
« bre de ceux qui les embrassent, toujours est-il qu'il y a
« divergence d'opinion ; tout le monde veut se sauver et
« sauver l'Etat, mais par des moyens contraires et des routes
« diverses menant à un but opposé. Dans un tel moment,
« pouvez-vous avoir un gouvernement provisoire ? un
« trône vacant ? Laisserez-vous chacun s'agiter, les alarmes
« se répandre, les prétentions s'élever ? Voulez-vous qu'ici
« on arbore le drapeau des lys, là, le drapeau tricolore ?

« Voulez-vous laisser dire à chaque parti : il n'y a pas de
« gouvernement, on hésite, il faut agir ; l'Assemblée paraît
« incertaine, il faut l'aider, il faut donner un coup de col-
« lier, se déclarer enfin... Voilà, voilà, Messieurs, les ca-
« lamités dont nous sommes menacés, si nous laissons
« l'opinion flottante et sans un point fixe pour la rallier ;
« et, au milieu de l'agitation et des troubles qui naîtraient
« d'un pareil état de choses, que deviendrait le salut de
« la patrie ? où seraient les moyens de la sauver ? »

Nobles et sages paroles, Messieurs, surtout si nous les appliquons aux temps où nous vivons !

Après une péroraison émue où il cherchait à exalter le patriotisme de ses collègues, Manuel descendit de la tribune, en invitant l'Assemblée à voter une proposition dont la première partie était la constatation de la souveraineté de Napoléon II.

Il faut se représenter ce qu'était la Chambre et l'état de perplexité et de surexcitation où se trouvaient les esprits, pour se faire une idée de l'impression vive et profonde que fit ce discours. Au moment où toutes les opinions se croisaient avec violence, où la destinée de la France semblait s'agiter dans les mains de ces hommes, novices dans les luttes oratoires, non initiés aux graves méditations et aux déterminations soudaines que nécessite tour à tour la politique, un homme avait paru à la tribune, dont la taille élevée, la figure énergique et belle, l'attitude simple, mais courageuse, avaient frappé tous les yeux. D'une voix forte, avec l'accent méridional qui relève si bien les mouvements oratoires, il avait dit à l'Assemblée ce mot qu'elle ne trouvait pas et qu'elle voulait entendre ; il avait eu l'art de tirer, selon les vœux du plus grand nombre, une conclusion pratique et heureuse d'un débat dont chacun sentait le danger, sans en prévoir l'issue ; sans faiblesse et sans haine, il avait fait aux partis le dénombrement de leurs forces et la démonstration de leur impuissance ; enfin, il avait apporté à l'Assemblée une résolution toute prête qui aplanissait les difficultés, en restant légale.

Ce n'est pas, en effet, seulement par les qualités oratoires que ce discours est remarquable ; il fut surtout un triomphe de logique et d'adresse. Hors de cette résolution, tout était danger pour l'Assemblée et pour le pays. Sans doute, c'était un expédient ; mais n'est-ce pas par des expédients qu'on sauve souvent les situations extrêmes ? De plus, n'y avait-il pas du mérite à le soutenir, par esprit de sacrifice et de patriotisme, contrairement à ses tendances et à ses vœux ? Les représentants saluèrent de leurs acclamations unanimes leur éloquent collègue et votèrent sa proposition ; l'impression de son discours fut décidée. Il fut, pendant quelque temps, l'homme de la situation. Entouré à la Chambre, fêté chez Fouché, cité dans toute la France, il avait conquis, d'un seul coup, le premier rang parmi les hommes d'Etat et orateurs de l'Assemblée.

Cependant, dans les circonstances malheureuses que traversait le pays, un homme, quelque considérable qu'il fût, ne pouvait pas retenir longtemps l'attention. Pendant que Fouché préparait le retour des Bourbons, et faisait voter la seconde capitulation de Paris, les représentants s'occupaient de donner une constitution à la France. Nous trouverons Manuel glorieusement mêlé à cette œuvre, sur laquelle l'histoire a porté un jugement sévère. Sa renommée le désigna au choix de ses collègues comme rapporteur d'un projet dont il avait le premier donné l'idée. Cette constitution fut précédée d'une « Adresse aux Français. »

Manuel fut encore chargé de la rédiger et vint la présenter à l'agrément de la Chambre. C'était un appel au courage de la nation, une promesse de maintenir l'ordre, sans engager en rien les destinées ultérieures de la France. Une partie de l'Assemblée fut mécontente de cette rédaction, inspirée par Fouché, dont Manuel subissait, sans s'en douter, le fâcheux ascendant. Aussi, lui reprocha-t-on de manquer de courage et de louvoyer là où il fallait une attitude franche et loyale.

Il répondit avec force et aux applaudissements de tous, qu'il valait mieux mettre du courage dans ses actes que de la forfanterie dans ses paroles ; que la tâche des représentants était difficile ; qu'il fallait, pour l'accomplir, une grande modération. Répondant aux soupçons dont il était l'objet, c'est avec une véritable grandeur qu'il dit à ses contradicteurs :

« On m'interrompt et on me dit : et la France? J'ai
« l'avantage sur ceux qui m'interrompent, qu'ils parais-
« sent me soupçonner, et que, moi, je ne les suspecte
« pas ! »

Jusque-là, il avait montré à la tribune deux qualités éminentes, l'éloquence parlementaire et le coup d'œil politique. Eloquent, il l'avait été le 23 juin, il l'était dans les paroles que je viens de vous rapporter, éloquent avec sobriété et mesure, correct dans son langage, entraînant dans sa dialectique, noble et simple dans son attitude. Le 23 juin, il avait eu une justesse de vue remarquable, qui témoignait de son intuition des hommes et des choses. L'homme qui n'a que ces deux qualités, immenses sans doute, n'est-il pas destiné à être plutôt un orateur brillant qu'un homme utile? Les discussions générales lui donneront l'occasion de se faire admirer ; mais ses qualités même ne le gêneront-elles pas dans les délibérations de tous les jours, qui veulent un langage calme et un esprit de suite, souvent incompatibles avec les grands mouvements oratoires ?

Manuel eut, lors de la discussion sur le projet de constitution, l'occasion de montrer qu'il possédait aussi les qualités moins brillantes, mais plus solides de l'homme pratique. L'habitude que la France a prise depuis des débats parlementaires nous fait voir, tous les jours, combien d'habileté et de présence d'esprit demande la mission d'un rapporteur ; toujours sur la brèche, chargé de défendre le projet, de répondre à toutes les questions, à toutes les objections, il doit se multiplier sans relâche. Manuel s'acquitta avec un grand succès de cette tâche ardue. Sa parole claire et précise se pliait avec une merveilleuse souplesse à tous les sujets, pour se mettre à leur hauteur. Homme d'affaires dans les moindres détails, il s'élevait dans les questions de principe, et devenait solennel.

C'est ainsi qu'en présentant le projet de loi, il prononce ces belles paroles, qui pourraient servir de prologue à toutes les constitutions, et de ligne de conduite à ceux qui s'obstinent, aujourd'hui encore, à priver leur pays des lois fondamentales qui lui sont nécessaires :

« Les hommes ne sont point une garantie suffisante
« pour les Etats ; les institutions seules en présentent une
« durable. Depuis vingt-cinq ans, la France a été victime
« des factions et du despotisme ; c'est dans ces institutions
« qu'elle doit chercher un asile contre les déchirements
« et les envahissements auxquels elle a été en proie. Se
« rallier à une constitution a pour un peuple le double
« avantage de le rallier à un point unique, à une base
« fixe, et de lui assurer une force qui impose à ses
« ennemis. L'histoire nous apprend que, par la seule
« force de leurs institutions, des peuples anciens sont
« parvenus à donner des lois au monde, au moment où
« ils venaient d'être vaincus. »

L'œuvre de Manuel ne devait pas être terminée ; l'ennemi arrivait. Manuel était encore à la tribune au moment où le tumulte, précurseur de l'envahissement, dispersait les représentants, et interrompait leur constitution inachevée ; c'est alors que, pris d'une indignation sublime, il proteste, au nom de ses collègues, contre la violence qui leur est faite, appelle le jugement de la postérité sur ceux qui viendront violer le sanctuaire de la représentation nationale, et s'écrie :

« Nous avons été envoyés ici par la volonté du peuple,
« et nous n'en sortirons que par la puissance des
« baïonnettes ! »

Ces dernières paroles avaient déjà été prononcées, vingt-six ans auparavant, par un de vos illustres compatriotes ; cependant, elles n'étaient pas une redite dans la bouche de Manuel ; l'idée avait jailli de sa colère de représentant, de sa douleur de citoyen ; la forme seule lui était étrangère. Lui aussi, il était prêt à faire un rempart de son corps à des institutions qu'il croyait bonnes, au salut de la France, objet de ses efforts et but de sa vie.

Pendant ce temps, Fouché, toujours sénateur, toujours ministre de la police, allait de Louis XVIII à Alexandre et d'Alexandre à Wellington, et sacrifiait les hommes dont il s'était servi. La Chambre se dispersa ; dans sa courte existence, elle avait fait bien peu de chose ; mais elle avait produit Manuel.

Fiunt oratores, avait dit le prince des orateurs romains ; Manuel était né orateur. Qu'aurait dit Cicéron s'il avait parlé des hommes politiques ? et cependant, avec le passé que vous connaissez à Manuel, ne serez-vous pas amenés, en considérant son rôle dans la Chambre de 1815, à dire qu'il était né homme politique ?

Sa parole et sa discussion ne s'emparèrent jamais des siècles passés pour leur emprunter de nobles accents ou de frappantes analogies ; s'habituant à tirer ses convictions et son éloquence de lui-même, il remédia à la pénurie de ses connaissances politiques et oratoires par la rectitude de son jugement et l'ardeur primesautière de ses discours ; l'originalité fut un des plus beaux traits de son talent.

Organisation exceptionnelle, il était destiné à de grandes choses ; s'il n'a pas pu les accomplir, nous le verrons cependant encore développer, pendant quatre ans, ses qualités hors ligne et en montrer de nouvelles. Le rôle que, débutant dans la vie politique, il joua pendant les Cent-Jours, nous conduira à regretter qu'il n'ait pas pu, mûri par quinze années d'expérience, aider à édifier un gouvernement nouveau sur les ruines de celui qui se relevait alors. Nous le verrons siéger sur les bancs de l'opposition, situation désavantageuse pour un homme de valeur, qui perd ainsi l'occasion d'exercer ses facultés gouvernementales ; mais, dès à présent, nous devons reconnaître qu'il avait des qualités d'homme d'Etat précieuses et considérables. Il ne lui a manqué, pour être un de ces premiers ministres qui laissent un nom dans l'histoire, qu'un règne où sa place fût marquée.[1]

Le retour des Bourbons fit rentrer Manuel dans la vie privée ; il résolut de se fixer à Paris comme avocat, et sollicita son inscription au barreau. Il y eût pris sans

---

[1] Je n'ai connu qu'un homme dont il ne m'eût pas été possible de m'éloigner, s'il fût arrivé au pouvoir. Avec son imperturbable bon sens, plus il était propre à donner de sages conseils, plus sa modestie lui faisait rechercher ceux des gens dont il avait éprouvé la raison. Les déterminations une fois prises, il les suivait avec fermeté et sans jactance. S'il en avait reçu l'inspiration d'un autre, ce qui était rare, il n'oubliait point de lui en faire honneur. Cet homme, c'était Manuel, à qui la France doit encore un tombeau. . . . .

Il est vraisemblable que Manuel eût été forcé d'accepter une part aux affaires du nouveau gouvernement. Je l'aurais suivi, les yeux fermés, par tous les chemins qu'il lui eût fallu prendre pour revenir bientôt sans doute au modeste asile que nous partagions. Patriote avant tout, il fût rentré dans la vie privée sans humeur, sans arrière-pensées ; à l'heure qu'il est, de l'opposition probablement encore, mais sans haine de personnes, car la force donne de l'indulgence, mais sans désespérer du pays, parce qu'il avait foi dans le peuple.

Le bonheur de la France le préoccupait sans cesse ; eût-il vu accomplir ce bonheur par d'autres que lui, sa joie n'en eût pas été moins grande. Je n'ai jamais rencontré d'homme moins ambitieux, même de célébrité. La simplicité de ses mœurs lui faisait chérir la vie des champs. Dès qu'il eût été sûr que la France n'avait plus besoin de lui, je l'entends s'écrier : Allons vivre à la campagne.

(BÉRANGER, préface de son édition de 1835.)

doute une belle place ; mais la violence des passions politiques lui en interdit l'accès. Le rejet de sa demande fut proposé, avec ce motif qu'il avait soutenu un gouvernement de fait contre le gouvernement de droit, Napoléon II contre Louis XVIII ; et, si le Conseil n'osa pas prononcer une sentence définitive, il atteignit le même but, en l'ajournant.

Injustement frappé, Manuel ouvrit un cabinet d'avocat consultant, qui fut bientôt très fréquenté. Il rédigea et signa de nombreux mémoires ; un seul nous est parvenu, c'est celui qu'il fit pour le maréchal Soult. Mais la vie politique ne lui était pas à jamais fermée. Après un échec qu'il partagea avec Benjamin Constant et La Fayette, il fit, en 1818, une tentative plus heureuse. Un obstacle se présentait. La première condition d'éligibilité qu'imposait la Charte, était, vous le savez, le cens de 1.000 fr. ; Manuel ne le payait pas ; mais il trouva dans sa famille l'appui d'une affection dévouée. Un de ses frères, qui avait acquis une certaine fortune dans des entreprises de fournitures militaires, acheta, sous son nom, un domaine dans les Ardennes. Rapprochement curieux, ce domaine, qui avait appartenu à M. de Serre, devait fournir à Manuel le moyen de se montrer un des plus redoutables adversaires de l'éloquent garde des sceaux. Il put donc se présenter, et posa sa candidature dans deux départements, le Finistère et la Vendée.

Ce choix, qui paraît singulier au premier abord, était très habile; ces départements, l'arche sainte du royalisme, dont la toute-puissance de Napoléon avait à peine pu comprimer les ardeurs, comptaient beaucoup de gens que la tournure des événements inquiétait; c'étaient les acquéreurs de biens nationaux. Depuis 1815, la question des biens des émigrés préoccupait le Gouvernement, qui avait décidé, en principe, de réparer, autant que possible, « la spoliation » de ses fidèles serviteurs. Aussi, la candidature de Manuel, que l'on savait être un défenseur convaincu des conquêtes de la Révolution, fut très sympathique, et réussit; élu dans les deux départements, il opta pour la Vendée, qui devait le réélire en 1820.

V.

Les amis de Manuel eurent le même succès. La Chambre vit arriver sur les bancs de l'opposition une pléiade d'hommes illustres, orateurs, financiers, écrivains, parmi lesquels la réputation de Manuel n'était pas la moins éclatante. En effet, de tous les noms que la Chambre de 1815 avait mis en évidence, le sien était le plus connu, et sa renommée d'éloquence, d'habileté et de courage, la plus répandue. On le savait aussi hostile, sinon aux Bourbons, du moins à leurs principes gouvernementaux.

Il apportait, en effet, à la Chambre une ligne de conduite fermement tracée. Plein d'admiration pour les hommes et les actes de la Révolution, tout en en déplorant les excès, il voulait en maintenir les conquêtes. Convaincu que le principe de la souveraineté réside dans la nation, il voulait qu'on la laissât se gouverner elle-même, sans l'inféoder à une famille ou à un système.

Etait-il, comme on l'a dit, l'ennemi personnel des princes de la maison de Bourbon ? Nullement. Il sentait, à la vérité, que leurs idées et leurs traditions ne pourraient pas donner à la France les destinées auxquelles elle devait aspirer ; il venait les combattre, avec toute l'ardeur, mais avec toute la loyauté de son caractère ; il venait, mandataire de la nation, dire à ceux qui la gouvernaient qu'elle n'approuvait pas toujours leurs actes. Mais pouvait-il être compris en un temps où on lui demandait, à la face de l'Assemblée, comment « il osait paraître devant son Roi, après avoir osé le « repousser et le combattre ? »

Etait-il, comme on l'a prétendu plus tard, partisan du système républicain ? Je ne le crois pas. Il serait difficile de considérer comme républicain l'homme qui disait, en 1815 :

« L'idée républicaine n'existe ni dans les têtes non « mûries par l'expérience, ni dans celles que l'expé-
« rience a mûries. »

Et, en 1820 :

« La République a pu séduire des âmes élevées,
« mais elle ne convient pas à un grand peuple, dans l'état
« actuel de nos sociétés. »

Les partis cherchent à se créer un passé glorieux et d'illustres ancêtres ; mais Manuel n'est l'ancêtre d'aucun parti, parce qu'il ne fut pas homme de parti. Ce serait en vain qu'on voudrait induire de ses actes ou de ses paroles des tendances vers telle ou telle forme de gouvernement; son parti, c'était celui de la France, le trait dominant de son caractère, c'était le patriotisme. Patriote, il s'était rallié, en 1815, à Napoléon II, quelque opposées que fussent ses idées au système gouvernemental qu'avait inauguré son père ; patriote, il devançait le vœu de la nation, en avertissant la royauté de ses erreurs et de l'abîme qu'elle creusait entre elle et la France ; patriote enfin, il se fût, j'en suis convaincu, rallié au roi légitime, s'il l'eût vu devenir le roi national, le chef d'une nation libre, et non le roi absolu, maître de ses sujets, jusques et y compris les Ordonnances. Noble exemple, Messieurs, pour ceux qui seraient tentés de mettre l'esprit de parti au-dessus des intérêts du pays !

Je crois vous avoir ainsi fidèlement traduit les sentiments qui, de 1819 à 1823, devaient dicter à Manuel ses actes et ses paroles. Son rôle oratoire fut, pendant ces quatre années, digne de ce qu'avait annoncé son passé ; il compléta, de plus, le développement de ses facultés dans les discussions de toute nature et de toute heure. Mais les circonstances n'étaient plus celles de 1815 ; il n'était plus l'orateur aimé et applaudi, dont la parole entraînante emportait les votes. Dès ses premières apparitions à la tribune, il se sentit sur un terrain hostile, et l'ardeur de son talent s'accrut de la prévention qu'il soulevait ; c'est, en quelque sorte, sa seconde manière.

Les débats de longue haleine lui donnèrent l'occasion de montrer deux qualités nouvelles que la marche rapide des événements, pendant les Cent-Jours, ne lui avait pas permis de produire. Manuel avait dans l'esprit un ordre admirable qu'il faisait passer dans ses discours. N'abordant généralement la tribune qu'après de longues discussions, dont Foy et Benjamin Constant avaient posé et développé les bases, il excellait à résumer, en quelques mots, l'état de la question. Rappelant les arguments dont s'était servi chacun des contradicteurs qui l'avaient précédé, les réponses qui lui avaient été faites, précisant le point où s'était arrêté le débat, il l'éclairait d'une lumière nouvelle et inattendue.

Faculté plus précieuse encore, Manuel savait écouter, et ce ne fut pas la moindre cause de ses succès oratoires. Comme j'ai eu l'occasion de le dire, il avait peu étudié, peu appris ; les plus graves questions lui étaient souvent complètement étrangères ; mais il écoutait avec une attention profonde ceux qui parlaient avant lui ; et, avec sa merveilleuse facilité de compréhension, il arrivait promptement à s'assimiler leurs lumières et à les réfuter avec leur propre science. Nous l'avons vu, au barreau, se contenter de quelques explications orales ou écrites de son savant maître, M. Dubreuil; grâce à cette attention, il parvint, à la tribune, à traiter, avec aisance et profondeur, les questions les plus diverses, instruction publique; cultes, finances, diplomatie, marine, aussi bien que celles qui touchent à la justice et à l'administration militaire.

Manuel peut donc être considéré, jusqu'ici, comme un modèle de dignité et de convenance parlementaires, n'interrompant jamais, n'affectant pas cette indifférence dédaigneuse et décourageante pour l'orateur dont les assemblées politiques donnent souvent l'exemple. Mais ses collègues de 1819 ne l'imitèrent pas et l'habituèrent bien vite aux murmures et aux interruptions. Ses premiers discours irritèrent profondément les royalistes de l'Assemblée. Combattant l'institution des majorats, le projet de loi, qui est devenu la loi de 1819, sur les délits commis par la voie de la presse, discutant le budget de 1819, il fit une critique sévère, souvent même une satire mordante du système gouvernemental.

C'est ainsi qu'au sujet des prohibitions nombreuses imposées aux imprimeurs, mises en regard de la liberté accordée aux écrivains, il disait :

« Si, dans une telle discussion, je ne croyais pas dé-
« placé de me servir d'une expression un peu bouffonne,
« je dirais que cet état de choses rappelle un peu trop
« Arlequin donnant à ses enfants un fifre et un tambour,
« et leur disant : mes amis, amusez-vous bien, mais
« surtout ne faites pas de bruit. »

C'est ainsi encore qu'il démontrait, avec une grande
force et en termes élevés, la nécessité d'armer la liberté
de lois destinées à la préserver des empiétements du pouvoir royal.

« Laissez faire le pouvoir, cet éternel ennemi de la
« liberté, et vous verrez ce que la liberté seule, sans les
« institutions et sans l'appui des lois, pourra contre lui.
« Je suis loin d'incriminer les dépositaires actuels du
« pouvoir; je ne parle que de la nature des choses ; mais
« le pouvoir, dans quelques mains qu'il soit placé, a tou-
« jours un penchant naturel à s'accroître. »

Manuel manifestait nettement dans ces paroles ses sentiments intimes ; il n'était pas l'adversaire personnel des Bourbons; il craignait seulement que les entraînements du pouvoir absolu ne créassent à la liberté des écueils sur lesquels elle viendrait sombrer. Il exprimait la même idée le jour où il dit que la France n'avait vu qu'avec « *répugnance* » le retour des Bourbons. Mais la majorité ne voulait pas comprendre le sens vrai de ses paroles, et, dès lors, l'hostilité devint ouverte contre lui. Si calme et si modéré qu'il fût, les murmures étouffaient sa voix, l'accueillaient même à la tribune, avant qu'il n'eût parlé. Lors de la discussion sur l'élection de l'abbé Grégoire, ce ne fut qu'après lui avoir vainement conseillé de donner sa démission qu'il prit sa défense, sur le point de droit seulement ; il fut obligé de lutter de colère avec les interruptions souvent blessantes et injurieuses de ses adversaires.

Nature vive et impétueuse, il arriva à ne se contenir qu'à grand peine ; et, quand il vit que sa présence changeait la discussion en une lutte personnelle, son courroux s'anima ; ses paroles incisives et mordantes, souvent même violentes, redoublèrent la fureur de l'Assemblée. Il en vint à solliciter, en quelque sorte, les interruptions de ses contradicteurs ; alors, s'enflammant à leur colère, il répliquait par des traits plus poignants encore.

C'était là, Messieurs, une situation profondément regrettable ; ces luttes aigries et personnelles, tout en portant atteinte à la majesté de l'Assemblée, diminuaient le talent de Manuel, et lui enlevaient l'influence salutaire qu'il eût dû avoir sur les affaires de son pays. Elles devaient le rendre victime de l'acte illégal et violent qui suffirait pour attacher à son nom la célébrité.

Je vous ai dit, Messieurs, que je ne reviendrais sur la scène qui devait se terminer par l'expulsion de Manuel que pour examiner son talent dans un de ses plus beaux développements. Je ne vous exposerai donc pas tous les actes navrants auxquels donna lieu l'irritation des partis, la tempête qui accueillit ses paroles et empêcha longtemps sa justification. Ce ne fut que, de guerre lasse, et parce que la majorité était sûre du résultat, qu'il put prononcer son dernier discours.

La circonstance était solennelle, et, pour nous qui étudions Manuel au seul point de vue de son talent, nous pouvons presque dire qu'elle était heureuse. Assez longtemps, dans les acrimonies de la lutte, il avait perdu quelques-unes de ses grandes qualités, une surtout, le calme et la complète possession de lui-même ; assez longtemps, il avait été considéré comme un tribun ; il allait, aux yeux de tous, même de ses ennemis, redevenir un orateur. Il allait, dans un dernier adieu à la tribune, la faire retentir de nobles et courageux accents. Rendu à lui-même, par la gravité des circonstances, il allait défendre son indépendance et sa dignité, sans forfanterie et sans faiblesse.

Les limites, déjà trop élargies, de ce discours ne me permettent pas de mettre sous vos yeux son éloquente improvisation. Expliquant ses paroles et les justifiant, donnant à ses ennemis sa vie de courage et de travail comme réponse à leurs accusations, rappelant à ceux-là même qui l'attaquaient les violences de langage auxquelles ils s'étaient livrés à la tribune, il retrouva ses inspirations de 1815 et de 1819, grandies par le coup dont il était menacé. C'est avec une dignité et une énergie remarquables qu'il terminait en ces termes :

« Si je n'étais fort de ma conscience, viendrais-je à cette
« tribune combattre et braver vos murmures? C'est elle
« qui soutient mon courage ; avec un tel appui, on ne
« craint personne, pas même ceux qui s'établissent nos
« juges. Ah! vous voulez me repousser de cette enceinte!
« Eh bien, faites ! Je sais qu'il peut arriver aujourd'hui
« ce que nous avons vu il y a trente ans. Les passions
« sont les mêmes. Je serai votre première victime ;
« puissé-je être la dernière. Et, si jamais un désir de ven-
« geance pouvait arriver jusqu'à moi, victime de vos fu-
« reurs, je lèguerais à vos fureurs mêmes le soin de me
« venger. »

Et le lendemain :

« Je déclare que je ne reconnais à personne, ici, le
« droit de m'accuser ni de me juger ; j'y cherche en vain
« des juges, je n'y trouve que des accusateurs. Je n'at-
« tends pas un acte de justice ; c'est à un acte de ven-
« geance que je me résigne. . . . .

« Arrivé dans cette Chambre par la volonté de ceux qui
« avaient le droit de m'y envoyer, je ne dois en sortir que
« par la violence de ceux qui n'ont pas le droit de m'en
« exclure, et, si cette résolution doit appeler sur ma tête
« de plus grands dangers, je me dis que le champ de la

« liberté a quelquefois été fécondé par un sang géné-
« reux. »

Ce n'était pas là une vaine bravade; le volontaire de 1793, le combattant d'Arcole reparaissait sous le député; la qualité distinctive de son caractère, le courage, ne se démentait pas. Invité par le président à se retirer, il répondit :

« Hier j'ai annoncé que je ne céderais qu'à la force;
« aujourd'hui, je tiendrai ma parole. »

Je ne vous rapporterai que ces quelques mots de la scène qui, le 4 mars 1823, souilla le sanctuaire de la représentation nationale. On ne saurait parler de pareils excès sans les flétrir; ce n'est pas ici le lieu; d'ailleurs, je ne m'en reconnais pas le droit.[1]

[1] Horace va faire un tableau de la scène de Manuel. Mais quel moment choisira-t-il ? Celui où Foucault dit : Empoignez le député; ou bien quand le sergent refuse; j'aimerais mieux ceci. Car, outre que le mot *empoignez* ne se peut peindre (grand dommage, sans doute), il y aurait là deux ignobles personnages. Foucault et le président, qui, à dire vrai, n'y était pas, mais auquel on penserait toujours. Dans cette composition, l'odieux dominerait et cela ne saurait plaire, quoi qu'en dise Boileau. L'instant du refus, au contraire, offre deux caractères nobles, Manuel et le sergent qui tous deux intéressent, non pas au même degré, mais de la même manière et par le plus bel acte dont l'homme soit capable, résister au pouvoir. De pareils traits sont rares; il les faut recueillir et les représenter, les recommander au peuple.

Manuel fut exclu. La nation presque tout entière l'accompagna de ses sympathies et de ses regrets ; ses collègues de la gauche le suivirent momentanément dans sa retraite, et la France inscrivit sa disgrâce parmi les griefs qui s'amoncelaient contre le gouvernement qui l'avait provoquée. Un grand nombre de villes lui votèrent des adresses de félicitations ; Lyon, Tours et Grenoble lui décernèrent, à titre de récompense patriotique, des rameaux d'or et des couronnes de chêne. Sa chute lui donna la popularité que ne lui aurait peut-être pas donnée son talent seul. Mais ce ne fut là que le bruit d'une heure ; la foule se tourna bientôt vers d'autres spectacles ; l'opposition rentra dans la lice ; le calme et l'oubli se firent bien vite autour de lui.

Triste destinée, Messieurs, que celle d'un homme supérieur qui, brisé à l'apogée de son talent et de sa renommée, voit succéder le silence au bruit flatteur de l'admiration et des applaudissements, qui a pu croire un instant que le pays allait protéger, sinon venger sa disgrâce, et qui voit, tout à coup, les événements reprendre

---

D'autre part, on peut dire aussi que Manuel, Foucault, ses gendarmes, donneraient beaucoup à penser, et le président derrière la toile ; *car il est objets que l'art judicieux*................
La contenance de Manuel et la bassesse des autres formeraient un contraste ; ceux-ci servant des maîtres et calculant d'avance le profit, la récompense toujours proportionnée à l'infamie de l'action ; celui-là se proposant l'approbation publique et la gloire à venir.

P.-L. Courier (Livret de Paul-Louis, vigneron.)

leur cours naturel, et le vide se faire autour des ruines de sa popularité ! Il lui faudra une bien grande force d'âme pour ne pas se laisser envahir par la tristesse, et pour ne pas dire, comme Manuel à Benjamin Constant : « Il vous « reste votre plume ; mais à moi que me reste-t-il ? » Il ne pourra souvent pas résister au désir de rentrer dans la vie publique, et fera, par là, une douloureuse expérience des inconstances et des variations populaires.

Mais l'histoire et la postérité sont là ; réparant les injustices des contemporains, elles feront à chacun sa part de gloire, et, si la voix qui est un jour leur interprète est faible et inhabile, elles lui prêteront leur autorité pour qu'elle puisse dire :

Manuel fut un grand orateur, un grand citoyen, un grand cœur.

La nature l'avait doué des qualités les plus précieuses, intelligence vive, sens droit, conscience ferme. Préparé par le barreau aux luttes de la tribune, il y apporta l'expérience de la parole qui devait mettre le sceau à ses facultés naturelles, et, dès les premiers jours, on reconnut en lui un maître en l'art de bien dire. Simple et châtié dans son langage, logique et précis dans ses raisonnements, produisant sans efforts les plus grandioses effets d'éloquence, devinant les situations et les hommes, habile à dénouer les unes et à convaincre les autres, il ouvrit dignement, dans le XIXe siècle, la série des hommes qu'a illustrés l'art de la parole. Il fut un homme politique en 1815, il l'eût été plus tard ; il n'eut pas assez d'occasions de montrer combien ses vues étaient élevées et justes ; la colère des partis dénatura son talent, avant de le briser. On ne voulut voir en lui qu'un tribun ; il eût été un homme de révolution pratique et pacifique, et le chef éclairé d'un régime de liberté.

Au milieu des hommes qui mirent leur intelligence et leur cœur au service d'un parti, son nom brille sans tache ; il voulut la liberté, et, confessant sa foi, il succomba pour elle. Plein d'amour pour le peuple, il ne sacrifia jamais ses convictions au vain désir de lui plaire et d'en être applaudi ; la popularité lui vint sans qu'il la cherchât, et, au risque de la perdre, il ne s'en servit que pour enseigner à ses concitoyens leurs devoirs, et, au besoin, pour leur signaler leurs fautes. Décidé à accepter tout gouvernement qui rendrait la France libre et forte, il combattit celui qui comprimait son essor et lui semblait s'opposer à ses destinées glorieuses. Mais il eut, dans la lutte, l'attitude que doit avoir le véritable homme d'opposition, l'attitude de Mirabeau et de Berryer, par exemple : réformer sans détruire, améliorer sans briser. Il ne voulut jamais renverser Louis XVIII, pas plus que Mirabeau n'avait voulu renverser Louis XVI, pas plus que Berryer n'a voulu renverser Louis-Philippe. Comme eux, il savait aller jusqu'où l'intérêt du pays le demandait, s'arrêter là où l'ordre social était en danger. Un parti aurait le droit de s'enorgueillir de le compter dans ses rangs, car il pourrait s'appeler sans crainte le parti national.

Nature franche et loyale, il ne combattit jamais ses adversaires qu'au grand jour de la tribune ; esprit chevaleresque, nul obstacle ne l'arrêtait ; caractère sûr et généreux, l'amitié l'unit à toutes les illustrations de son époque. Son courage brilla partout, sur les champs de bataille, à la tribune, dans la vie civile. Désintéressé, il sacrifia à la chose publique ses légitimes espérances de fortune ; vertueux, il suivit jusqu'au bout le droit chemin, et le témoignage de sa conscience l'y soutint jusqu'à la dernière heure ; comme le Spartiate, il revint « sur son bouclier, »

Il eut à côté de lui, pour amis et pour adversaires, des hommes de talent dont les qualités éminentes étaient rehaussées par l'expérience et l'étude ; mais inférieur à eux sous certains côtés, supérieur sous d'autres, il fut, au dire de ses contemporains, leur digne émule. Brillant comme le général Foy, il avait moins de grandeur que Royer-Collard, moins d'élévation de vues que Benjamin Constant ; mais à un plus haut degré qu'eux tous, il posséda la soudaineté de jugement, la prestesse et la vigueur d'argumentation, et surtout le courage, on pourrait dire, la ténacité. Son contradicteur ordinaire et son éminent rival fut M. de Serre ; doués de qualités opposées, mais animés tous deux du même esprit de justice, loyaux et fermes tous deux dans leurs convictions, ils étaient faits pour se combattre et pour s'estimer en se combattant.

Il fût resté avec Foy l'orateur patriotique en dehors de toutes menées, et c'est un acte de justice qui décréta, en 1830, la translation de leurs cendres au Panthéon ; c'est avec fierté que nous voyons leurs noms et leurs traits immortalisés par le ciseau de David. [1]

Rentré dans la vie privée, Manuel ne nous appartient plus. J'aurais voulu, dans cette étude, esquisser la figure de l'avocat, de l'homme d'Etat, de l'orateur politique; heureux si mes efforts n'ont pas abouti à en diminuer les traits ! Ami de Dupont de l'Eure, hôte de Laffite, compagnon inséparable de Béranger, il partagea entre eux et le travail les derniers temps de sa vie. Pourquoi faut-il qu'arrivés à la mort courageuse et croyante, qui vint, le 20 août 1827, terminer sa vie de devoir, nous retrouvions autour de son tombeau les mêmes colères, les mêmes haines qui avaient assombri la fin de sa carrière ? Pourquoi faut-il que, redoutable et populaire jusque dans le cercueil, on ait vu sa dépouille mortelle entourée d'une foule immense et désolée, sur le point d'être, comme il l'avait été lui-même, « *empoignée* » par les gendarmes ?

---

[1] La ville de Barcelonnette n'a pas oublié qu'elle était le berceau de Manuel et lui a élevé un monument en 1833. Un discours fut prononcé lors de son inauguration par M. le procureur général Borély, compatriote et ami intime de Manuel.

L'agitation de ses funérailles fut la fidèle image de l'agitation de sa vie publique.[1]

Toutes ces violences font à Manuel une célébrité moins enviable que celle qu'a méritée son talent; on connaît plus l'expulsé de 1823 que l'orateur de 1815 et de 1819. C'est l'orateur que j'ai essayé de vous faire connaître; c'est lui seul dont la postérité doit conserver le nom; c'est lui seul dont la France peut être fière, dont la Provence peut s'enorgueillir à juste titre.

Parmi les hommes illustres auxquels la terre provençale a donné le jour, Manuel est le trait d'union entre deux générations fécondes. Encouragé dans ses commencements par Portalis et Siméon, il a élevé M. Pascalis, il a aidé de ses conseils les débuts de M. Mignet et de M. Thiers.

Ce sont là de grands noms, Messieurs, difficiles à égaler, et ce n'est pas une des moindres gloires de Manuel de rester debout au milieu d'eux, sans se trouver amoindri ni par ceux qui le précèdent, ni par ceux qui l'ont suivi!

[1] Une notice digne et modérée de M. Mignet sur les funérailles et la vie de Manuel valut à son auteur une poursuite devant le jury, suivie d'un acquittement.

www.ingramcontent.com/pod-product-compliance
Lightning Source LLC
LaVergne TN
LVHW021732080426
835510LV00010B/1219